Horiya MARIE

DE
FORMIDABLES ÉLÈVES

Essai d'une AESH(i)

**Auxiliaire de vie scolaire auprès
D'élèves en situation de handicap**

A Adèle, Justine et Arnaud

(Prénoms volontairement changés)
De formidables élèves.

© 2019, Marie, Horiya
Edition : Books on Demand,
12/14 rond-Point des Champs-Elysées, 75008 Paris
Impression : BoD - Books on Demand, Norderstedt, Allemagne
ISBN : 9782322148646
Dépôt légal : août 2018

Horiya **MARIE**

DE
FORMIDABLES ÉLÈVES

Essai d'une AESH(i)

**Auxiliaire de vie scolaire auprès
D'élèves en situation de handicap**

Avant-propos

Auxiliaire de vie scolaire pour l'intégration individualisée des élèves en situation de handicap (on dit dorénavant inclusion) : AESH en contrat à durée déterminée dès décembre 2005 puis en contrat à durée indéterminée depuis Septembre 2014 ; ce travail, consiste à accompagner l'élève en situation de handicap en classe.

J'ai accompagné ces enfants de 3 à 6 ans en école maternelle de 2005 à 2013 et en élémentaire depuis 2013 et je poursuis ce merveilleux travail.

J'aide les élèves lors de leurs déplacements, dans les actes de la vie quotidienne lorsqu'ils ne peuvent pas les effectuer seuls, en raison de leur handicap : (toilettes, aides matérielles, aides dans la manipulation d'outils pédagogiques, etc…)

Je les guide à leur rythme afin qu'ils puissent se socialiser et communiquer avec leurs pairs et s'épanouir.

La valorisation des activités effectuées en autonomie ou en coopération avec d'autres élèves est aussi très importante, et permet à l'élève de ne pas se sentir exclu.

C'est veiller aussi à ne pas faire écran entre l'élève et son environnement. Il faut cependant être vigilant à ne pas créer une relation exclusive avec lui qui pourrait nuire à ses apprentissages. Il faut aussi relayer selon ses besoins les consignes et actions de l'enseignant.

Le public rencontré présentait surtout des troubles envahissants du développement plus communément appelés TSA. (Troubles du spectre autistique).

Les difficultés rencontrées par ces enfants sont :

- La maladresse physique (instabilité gestuelle, ….)
- L'isolement volontaire.
- Difficultés relationnelles avec les autres.
- Pas ou très peu de langage.
- Attachement excessif à certains objets.
- Fixation sur un sujet « rituel »
- Compréhension des expressions limitées (pas de distanciation, pas de compréhension des inférences).

Cet essai retrace mes journées auprès de ces élèves.

Justine

Au début de ma carrière, j'ai fait la connaissance de Justine en première année de maternelle. Elle était très grande pour son âge et arrivait chaque matin en pleurant.

Elle avait énormément de mal à entrer dans la classe et aussitôt elle en ressortait et courait dans le couloir en effectuant des va-et-vient.

Je lui expliquais que c'était la rentrée des classes et que je serais auprès d'elle pour l'aider et l'accompagner. Mais sensible au bruit qui ne lui convenait pas du tout, elle mettait ses doigts dans ses oreilles.

Les crises arrivaient vite et Justine se tapait, se balançait. Je prenais doucement ses mains et lui expliquais que nous prendrions le temps de se familiariser avec l'environnement de la classe.

Justine était une jeune fille qui avait une très grande difficulté à comprendre et aussi à communiquer....... Aucun échange verbal.....

Au moment de se regrouper, il était impossible pour elle de s'asseoir avec les camarades et d'écouter la maîtresse......

La seule chose qu'elle effectuait c'était de courir dans la classe et dans le couloir.

Cependant il existait un coin dînette.
J'avais remarqué que c'était son endroit favori loin des camarades.

En accord avec l'enseignante, nous y restions. Justine saisissait un œuf puis elle trouvait les couverts et avec une petite cuillère tournait l'œuf dans un gobelet. C'était un rituel qui la rassurait

Et tout à coup, elle se précipitait hors de la classe dans le couloir pour courir de long en large …. Je la suivais…discrètement…..Je lui prenais les mains et lui demandais de rentrer dans la classe mais c'était souvent impossible.

J'attendais un long moment en l'observant faire les va-et-vient puis ensuite elle revenait en classe.

Lors du déplacement pour la salle de gymnastique, je lui expliquais que nous devions suivre la maîtresse avec ses camarades. Nous étions à la fin du rang…..

Mais une nouvelle crise arrivait…elle pleurait, se tapait, se balançait…Je la calmais et nous prenions le temps. Elle courait de nouveau dans tous les sens. Comme c'était impossible pour elle comme pour le groupe, je préférais ressortir pour ne pas perturber le déroulement des activités de la classe.

Justine ne fréquentait l'école que 2 heures par jour : les lundis, mardis, jeudis et vendredis matins et le corps enseignants décidait d'effectuer une équipe éducative de suivi scolaire afin de la réorienter en IME (Institut Médico Éducatif).

Ce sont des établissements qui accueillent des enfants et des adolescents atteints d'handicap mental présentant une déficience intellectuelle liée à des troubles neuropsychiatriques : troubles de la personnalité, moteurs et sensoriels, de la communication.

Cependant par manque de place Justine a fréquenté l'école 2 ans.

Je l'ai aidée durant tout ce temps. Nous étions plus souvent dans le coin dînette car c'était son endroit préféré et elle arrivait à se calmer davantage……
Ce fut une élève très attachante malgré les énormes difficultés.

J'ai aimé ce lien si particulier.

Adèle

J'ai accompagné Adèle de la petite section à la grande section, soit un suivi de 4 années.

Elle pouvait arriver de temps en temps calme à l'accueil. Elle avait une manie qui était de se confectionner un petit drapeau, avec un crayon à papier, de la pâte à modeler et un mouchoir en papier, qu'elle ne lâchait plus.

Lors du regroupement, il était impossible pour elle de s'asseoir comme ses camarades et d'écouter la maîtresse.

Adèle ne se liait avec aucun élève de la classe, et disait souvent "NON". Dès que l'enseignante lui demandait de rester près de nous dans le coin regroupement, elle courait et se cachait dans un petit meuble….

Au cours des ateliers, elle collait quelques gommettes sur une feuille puis entourait celles-ci. Cependant ce fut vite terminé et les encouragements l'agaçaient…..Son trouble obsessionnel revenait.

Adèle découvrait le dessin, la peinture à l'encre mais c'était vite la catastrophe. Cependant cette approche lui faisait découvrir une nouvelle matière, elle aimait dessiner avec des crayons de couleur et des feutres.

C'était un apaisement pour elle.

La musique la dérangeait et elle plaquait ses mains sur ses oreilles.

Je retrouvais Adèle tous les matins et c'était de moins en moins difficile. Elle arrivait à s'asseoir au coin regroupement avec les autres élèves près de moi et malgré plusieurs tentatives d'explications sur l'emploi du temps, elle s'énervait et s'arrachait les poils des bras.

Adèle courrait toujours se réfugier dans un coin de la classe dans le petit meuble.

En gymnastique, elle aimait la course et faire tourner les cerceaux. C'était un des exercices qu'elle appréciait.

Adèle rentrait dans les apprentissages puisque en parallèle elle se rendait chaque lundi en début d'après-midi dans un Centre Médico Psychologique. Elle se retrouvait dans un contexte de classe à une échelle de 4 élèves avec des pathologies différentes……Une enseignante spécialisée les accueillait et leur faisait « classe »…..

Mes stratégies et mes suggestions

Adèle était facilement troublée par le changement de ses repères et était très anxieuse. Elle avait des comportements obsessionnels (jouer avec de la pâte à modeler), se repliait sur elle-même, s'angoissait facilement.

Il fallait lui apporter un environnement sécurisant. Il avait été établi un emploi du temps visuel pour la semaine *(Annexe 1)*.

Elle pouvait ainsi comprendre chaque jour, se repérer dans le temps, avec des codes couleurs par activité.

Pour éviter une éventuelle colère, je la prévenais en cas de changement d'action, (se déplacer dans l'école pour aller à la salle de gymnastique, à la bibliothèque …) ou dans les cas de modification d'horaire. Ainsi je minimisais les transitions et les crises d'angoisses.

Exemple : Pour limiter l'isolement et l'ennui lors du rituel de la date, Adèle manipulait les étiquettes et les plaçait sur un support.

Je repérais les difficultés de raisonnement dans la résolution de problèmes et proposais de petits exercices par des séquences courtes. J'étais toujours sous l'autorité de l'enseignante et Adèle comprenait bien que je l'accompagnais.

Sa clarté de langage et son vocabulaire étaient difficilement compréhensibles. Un aide mémoire avec pictogrammes l'aidait.

L'Imagier du matériel de classe lui permettait de décoder des consignes avant de commencer un exercice.

Pour aborder l'écriture, comme la pâte à modeler était tout de même un objet obsessionnel, je m'en suis servie pour lui apprendre à façonner son prénom.

Nous coupions des petits morceaux, les étirions et puis commencions à former la première lettre de son prénom et ainsi de suite….. Il ne me restait plus qu'à photographier son travail pour ensuite l'imprimer.   Elle pouvait ainsi repasser au feutre ce qu'elle venait d'effectuer et elle était très fière.

Elle était presque prête pour l'école élémentaire mais ce fut dans un autre département qu'Adèle s'en alla.

Annexe 1

EMPLOI DU TEMPS
Moyenne Section

	LUNDI	MARDI	JEUDI	VENDREDI
	ECOLE	Élève au CATTP	Enseignante Spécialisée (dans la classe)	ECOLE
	Récréation		Récréation	Récréation
	ECOLE		ECOLE	ECOLE
	Déjeuner	Déjeuner	Déjeuner	Déjeuner
	Élève au CMP Enseignante spécialisée	ECOLE	Maison	Maison
	Récréation	Récréation	Récréation	Récréation
	Maison	ECOLE	Maison	Maison

Arnaud

ÉCOLE MATERNELLE

Arnaud est le 3ème élève que j'ai accompagné et sa scolarité était à temps partiel :

2 matinées par semaine en petite section et 4 matinées en moyenne section. Une autre auxiliaire l'avait accompagné. Cependant pour des raisons personnelles, elle n'était plus présente à cette nouvelle rentrée.

Arnaud est entré en Grande section en septembre 2011. Il avait bien du mal à se socialiser. Il ne parlait pas mais hurlait, se griffait, poussait tout le monde, se cachait sous les tables et s'allongeait par terre ….

Avec énormément de patience et beaucoup de stratégies : je lui parlais doucement, je l'éloignais du groupe dès que cela n'allait plus. Si cela n'allait pas mieux nous sortions de la classe.

Acquérir la concentration :

Arnaud que j'accompagnais était souvent amené à faire autre chose que l'exercice que nous lui demandions. Il était distrait par les stimuli extérieurs et désorganisé. Il se levait pour regarder sous la table, s'écrivait sur les bras….

Il avait beaucoup de difficultés à soutenir son attention en classe. Au coin regroupement, Arnaud ne restait pas en place. Il lui était impossible d'écouter la consigne que l'enseignante lui donnait.

Il se griffait, s'énervait de nouveau. Il fallait absolument sortir de la classe puis ensuite il était prêt à travailler. Je décomposais l'exercice, puis donnais les consignes simplement, et transcrivais grâce à des pictogrammes que je lui montrais.

Arnaud était toujours assis à côté de moi et d'un autre élève. Il se mettait au travail mais, nous effectuions des pauses.

C'était essentiel puisqu'il se fatiguait très vite. Les félicitations l'encourageaient et de nouveau le sourire revenait.

Chaque matin, Arnaud arrivait et me tendait la main. C'était sa façon à lui de me dire « bonjour ». Je le regardais dans les yeux et lui demandais de dire « bonjour ».

C'était important d'échanger avec des gestes. J'étais en permanence à côté de lui. Je lui montrais discrètement l'oreille et lui demandais de bien écouter l'enseignante. Ce rituel fonctionnait bien.

Cette façon de communiquer parmi tant d'autres, sans crier, pour ne pas le déranger, ni les élèves et encore moins l'enseignante fonctionnait bien.

Nous travaillions toujours avec une ardoise et c'était facile pour lui de pouvoir s'exprimer (petit gribouillis…). Tout à coup il s'appropriait le feutre et commençait l'exercice. Les imagiers de la classe qui étaient nombreux (Matériel de classe, vêtements, repas, la nature, Noël, etc…) lui ont permis d'approfondir son vocabulaire.

Certains matins, il voulait découper des coloriages et les coller. Il prenait l'imagier du matériel de classe et nommait chaque mot inscrit. Tout cela lui a permis d'enrichir petit à petit son langage.

Le coin cuisine était aussi ouvert quelques matins par semaine et Arnaud reconnaissait bien la couleur verte (ouvert) et la couleur rouge (fermé) et me disait « jouer » le jour où c'était permis.

Il s'y rendait sans oublier de demander l'autorisation à l'enseignante et il prenait son étiquette prénom qu'il apposait sur le mur car c'était la consigne.

La socialisation.

Pour sortir en récréation c'était parfois difficile. Je m'appuyais sur l'emploi du temps *(Annexe 2)* et lui montrais le temps écoulé, le dessin du toboggan et des bicyclettes. Il sortait en rang en donnant la main à un camarade.

Durant les récréations, il était parfois violent. Pour se faire comprendre, il poussait ses camarades. C'était sa façon à lui de rentrer en contact avec les autres qui ne comprenaient pas toujours et se plaignaient.

Cela devenait très embarrassant et insupportable pour tout le monde… Ses excès de colère devenaient difficiles à gérer. J'ai créé du lien entre Arnaud et un autre enfant de sa classe qui était souvent assis à côté de lui au coin regroupement.

J'intervenais et lui demandais de ne plus pousser et en expliquant que l'autre enfant pourrait faire la même chose.

Cependant Arnaud continuait à courir et à le pousser. Il fallait s'excuser et il caressait la joue de son camarade et disait difficilement« PARDON ».

EMPLOI DU TEMPS
Grande Section

LUNDI	MARDI	JEUDI	VENDREDI
ECOLE	ECOLE	Enseignante Spécialisée (En classe)	ECOLE
Récréation	Récréation	Récréation	Récréation
ECOLE	ECOLE	ECOLE	ECOLE
Taxi	Taxi	Taxi	Taxi
Déjeuner en famille d'accueil	Déjeuner en famille d'accueil	Déjeuner en famille d'accueil	Déjeuner en famille d'accueil
Élève au CMP d'Evry Enseignante Spécialisée	En famille d'accueil	Orthophonie	En famille d'accueil

Au retour de récréation, c'était le moment de se regrouper pour formuler la date. C'était un rituel et pour Arnaud les explications étaient compliquées. A l'aide d'icônes et de pictogrammes, je lui indiquais le nom, le numéro du jour, le nom du mois et l'année.

Arnaud manipulait les étiquettes dans le bon ordre et les plaçait rapidement sur l'ardoise qu'il avait devant lui. Il était heureux, fier et levait le doigt.

Arnaud était difficile lors des déplacements et des sorties scolaires. En début d'année, il ne voulait pas donner la main et se mettait dans des colères en sautant partout, poussant les camarades et hurlant. Lors de la sortie des cueillettes des légumes, Arnaud bousculait fortement les camarades et courait dans tous les sens.

C'était impossible de continuer ainsi et j'apportais du calme et lui expliquais, en me baissant à sa hauteur, que ses agissements étaient dangereux. Il continuait sa crise.

L'enseignante prenait le relais quelques secondes plus tard. Il revenait un petit moment après réflexion me donner la main ainsi qu'à son camarade.

La visite fut terminée par un épuisement total et Arnaud s'endormit dans le bus.

La vulnérabilité émotionnelle :

Arnaud appréciait l'informatique. A l'accueil chaque jour, deux élèves pouvaient s'initier aux jeux didactiques. A l'aide de son étiquette prénom qu'il reconnaissait bien, il se préparait à travailler avec un autre camarade. Ils devaient se répartir le temps d'utilisation de l'ordinateur.

Au début ce fut difficile mais ensuite en fonction des niveaux requis, les deux élèves furent complices.

En m'inspirant du B2i en école primaire, j'ai créé 1 petit livret d'informatique *(Annexe 3)* pour les élèves de la grande section et ils étaient contents de le conserver.

Lorsqu'il y avait la chorale Arnaud ne pouvait pas chanter. Pour éviter l'énervement puisque ce n'était pas simple de rester debout, je lui donnais la main et je chuchotais dans le creux de son oreille la chanson.

Auparavant avec l'enseignante, pour mettre en train toute la classe, nous effectuions des petits exercices avec les mains, puis la langue.

C'était un exercice qu'il affectionnait particulièrement. Après quelques semaines, Arnaud arrivait à fredonner et chantait quelques refrains.

Les objectifs ont bien été atteints puisque l'élève ne fredonnait pas, ne chantait pas. Puis soudainement, grâce aux petits exercices, aux mimiques et à la répétition, Arnaud pouvait chanter comme ses pairs. C'était FORMIDABLE !

Finalement à force de persévérance, il finit par progresser dans ce domaine comme dans tous les autres et que de satisfactions nous en tirions les uns et les autres.

Arnaud fréquentait l'école uniquement les matins. Chaque midi, il repartait en taxi en famille d'accueil de jour.

Quelques minutes avant je verbalisais que c'était l'heure du départ et du taxi. Ainsi Il se préparait en allant se laver les mains. J'évitais ainsi la colère et l'anxiété qui survenait toujours suite à des changements imprévus ou de dernières minutes…… (taxi en retard etc…)

Je suis restée dans cette classe une deuxième année puisqu'il a eu un maintien en Grande Section. Ainsi nous lui donnions la possibilité de continuer une scolarité dans les meilleures conditions.

Annexe 3

LIVRET D'INFORMATIQUE

Prénom : _____

Nom : _____

Année

Maîtrise des premières bases de la Technologie Informatique
Je sais nommer et reconnaître les éléments suivants :

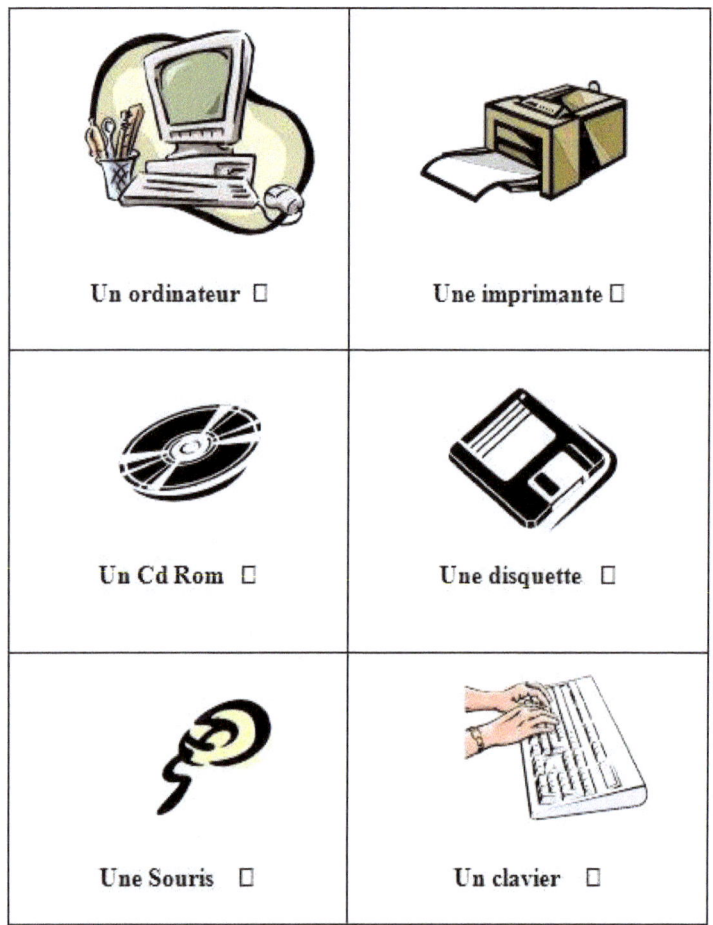

Un ordinateur ☐	Une imprimante ☐
Un Cd Rom ☐	Une disquette ☐
Une Souris ☐	Un clavier ☐

Je sais utiliser la souris pour déplacer le pointeur et cliquer :

☐

Je sais saisir des lettres au clavier :

mon prénom ☐

_____

Je sais lancer une application (jeu) et ouvrir une nouvelle page.

Lulu le lutin malin ☐

Le train Même quantité : 1 dé

Même quantité : les mains

Une clé vers la réussite :

Les enfants que j'accompagne de la petite section à la grande section ont beaucoup évolué. Je suis convaincue que la scolarisation en milieu ordinaire apporte énormément à tous.

Ces enfants ont la chance de bénéficier du contact des autres enfants et de l'apprentissage des règles de la classe. Certains ne donnent pas l'impression d'acquérir les apprentissages scolaires classiques. Pourtant, ils réussissent en matière de connaissances, notamment dans la socialisation.

C'est une aide humaine qui répond à des besoins particuliers. Elle contribue pour partie à la compensation de désavantages liés à des déficiences sensorielles motricielles, intellectuelles et psychiques.

J'agis dans la classe sous la responsabilité pédagogique de l'enseignante et l'autorité du directeur de l'école.

Je travaille en concertation et en collaboration avec l'enseignante, l'équipe pédagogique, la famille et les intervenants spécialisés.

Je suis discrète et respecte la confidentialité des informations que je suis amenée à connaître.

Il faut maintenir les meilleurs liens possibles avec les parents, les professionnels (médecin, psychologue scolaire, enseignant spécialisé, orthophoniste, psychomotricien, service de soins…etc.) afin que chacun puisse apporter sa propre contribution à l'évolution positive de l'élève.

Lors des réunions de suivi de scolarisation, je collabore et échange énormément avec l'équipe scolaire et surtout avec l'enseignante spécialisée qui intervient une fois par semaine en classe auprès d'Arnaud en ma présence.

Je possède un cahier dans lequel je note toutes les progressions et les régressions de l'élève. Je transcris mes notes et lui transmets par e-mail. Ainsi la liaison s'effectue et permet à chacun d'obtenir un suivi afin d'être cohérente avec le projet individualisé de l'élève.

Je participe aussi à la réunion de l'Équipe de Suivis de scolarisation. Elle est proposée par le directeur chaque fois que l'examen de la situation d'un élève l'exige.

L'équipe éducative est composée des personnes auxquelles incombe la responsabilité éducative d'un élève ou d'un groupe d'élèves.

Elle comprend :

- le Directeur d'école,
- le ou les maîtres et les parents concernés,
- le psychologue scolaire,
- les enseignants spécialisés intervenant dans l'école,
- éventuellement le médecin de l'éducation nationale, l'infirmière scolaire, l'assistante sociale et les personnels contribuant à la scolarisation des élèves handicapés.

Et de l'enseignant référent qui contribue à la recherche des moyens nécessaires pour permettre à l'élève handicapé d'étudier dans les mêmes conditions que les élèves valides. Il a un rôle essentiel d'information, de conseil et d'aide tant auprès des équipes que des parents.

Il a une mission de conseil et d'aide auprès des parents. Il a également un rôle de médiateur entre tous les partenaires qui animent les équipes de suivis de la scolarisation.

ÉCOLE PRIMAIRE :

Cours Préparatoire :

Durant son installation en classe c'était différent. Arnaud se retrouvait seul ou à côté d'un camarade puis j'étais présente. C'était une nouvelle enseignante. Le changement le déstabilisait. Durant les 2 années de grande section ce fut la même maîtresse et le même environnement.

Il devait prendre ses marques et cela a bien fonctionné en lui expliquant qu'il était devenu élève et que c'était un moment important de poursuive.

Par contre, Arnaud n'était pas trop isolé car il connaissait une bonne partie de ses camarades. Cependant il me fallait rester vigilante. Au regard des autres il était parfois aidé. Cependant il était aussi astreint aux mêmes exigences que ses pairs.

En collectif, Arnaud était ainsi à sa place d'élève « acteur » et n'attendait pas tout de moi. Il écoutait la consigne de l'enseignante, la regardait et avec des mots simples répétait uniquement les mots essentiels :

Ex : « Le fichier dans la case » - « Sortir l'ardoise » ...etc.

Ainsi il pouvait s'approprier un nouveau vocabulaire précis et commun à l'ensemble de la classe. C'était laborieux mais il devenait un tout petit peu plus autonome et reconnaissait chaque cahier et leur utilisation.

I) Écriture :

Sur les lignes il était important de mettre des petits points en haut puis en bas, ce qui lui a permis de respecter la consigne, de bien regarder la maîtresse qui écrivait au tableau et guidait le collectif.

Arnaud était très heureux d'apprendre à écrire. Il effectuait les tracés seul avec ma vigilance.

II) Lecture :

Le matin, des petits mots ou petites phrases en désordre étaient au tableau, je lui demandais de regarder et je lisais tout bas le modèle.

Pour éviter la déperdition d'attention je les recopiais sur l'ardoise et Arnaud remettait les mots en place afin qu'il puisse rester élève actif. Il lui arrivait de mettre la petite phrase dans le bon ordre.

III) Sens du vocabulaire :

Singulier	Pluriel
Un ami	des amis
Un (tout seul)	Des : Plusieurs, beaucoup donc S

Avec des **petits** dessins pour support c'était formidable et puis l'Alphabet sous le tableau et tous les affichages l'aidaient énormément.

Tout au long de cette année de Cours Préparatoire il était dans les apprentissages. En mathématiques et en numération il terminait ses exercices le premier et était l'un des meilleurs **élèves de sa classe**.

Il a pris conscience qu'il était capable de lire, écrire et compter. Ce fut une grande victoire.

C'était un élève comme les autres.

Cour élémentaire 1ère année

Il retrouva certains camarades de CP et des élèves qui étaient dans sa classe de première année de grande section.

C'était une classe à double niveau (CE1 – CE2) et durant les 2 premières semaines de classe ce fut un peu difficile. Il fallait écrire un peu plus et vite. Je l'accompagnais et la transcription sur l'ardoise était encore utile malgré le suivi des consignes affichées au tableau via le cahier du jour.

La fatigue devenait omniprésente. La fréquentation de l'école les lundis toute la journée, les mardis, mercredis, jeudis et vendredis matins l'épuisait. Il devenait parfois agressif et s'énervait souvent.

Je lui transcrivais les leçons sur les cahiers. Ce soutien le rassurait car il disait « c'est difficile le CE1 ».

Je m'apercevais que sans accompagnement il aurait été impossible pour Arnaud de continuer une scolarité en milieu ordinaire. Les lundis matins il arrivait très fatigué. Il baillait en classe, ne se mettait plus du tout au travail et refusait de lire pourtant la lecture était acquise.

En mathématique à chaque fois qu'il fallait donner une réponse à la table de multiplication c'était laborieux alors qu'il connaissait la réponse.....

Puisque toutes ces absences de concentrations, ces troubles du comportement (énervement, griffure, claque...) qui devenaient un quotidien et qui l'incitaient à ne presque plus rien faire de scolaire.......

Une ESS « une Équipe de Suivi de Scolarisation » fut programmée plus tôt que prévu fin d'année 2014 et un changement d'emploi du temps fut effectué.

Il venait les lundis matins, mardis toute la journée puis les mercredis, jeudis et vendredis matins.

Ce fut moins compliqué pour lui puisque tous les lundis après-midi il était reçu au Centre Médical Psychologique (CMP) par l'enseignante spécialisée. Puis ensuite une orthophoniste prenait le relais.

Grâce à ce nouveau suivi et cet aménagement de son emploi du temps il y eu des petites améliorations.

Tous ces renforts et les accompagnements l'ont aidé a acquérir une bonne partie des bases pour poursuivre une scolarité ordinaire avec moi en cours élémentaire 2ème année.

Cours élémentaire 2ème année

La rentrée avec Arnaud s'est effectuée tranquillement avec juste une petite nouveauté :

2 professeurs se succédaient toute la semaine ; une enseignante les lundis, mardis et un mercredi matin sur deux et le Directeur les jeudis et vendredis.

L'emploi du temps ainsi présenté le rassurait et lui permettait aussi de gérer son cahier de texte, et ses devoirs et les matières avec un peu d'aide.

Les 3 premiers mois furent assez calmes. Cependant la fatigue et certaines difficultés puis surtout les frustrations l'ont amené parfois à régresser et surtout à s'énerver.

Puis je fus absente 3 mois pour raison de santé et Arnaud sans accompagnement (sauf de temps à autre par une collègue) fut en grande détresse.

Dès mon retour j'ai constaté que son écriture était de nouveau difficile et par conséquent je lui demandais de me dicter les exercices et les réponses. Je minimisais les efforts et cela fonctionnait bien mieux..............

Puis Arnaud m'en a voulu de l'avoir 'abandonné' et me faisait comprendre qu'il ne voulait plus travailler......

Dans certaines matières c'était toujours plus ou moins laborieux. J'utilisais toujours l'ardoise afin qu'il soit à l'aise en recopiant un petit ensemble de mots.

En géométrie, il était toujours plus ou moins maladroit dans ses gestes. Mais avec de la patience je décomposais les longueurs et les largeurs avec la règle et l'équerre. Arnaud effectuait les triangles et rectangles un peu mieux …….

Dans d'autres matières c'était toujours plus ou moins difficile. J'utilisais toujours l'ardoise afin de lui faciliter la recopie.

Une équipe éducative de suivie de scolarité s'est réunie comme chaque année et il fut demandé un ordinateur et des séances d'ergothérapie. Nous avions constaté qu'il avait fourni d'énormes progrès malgré les difficultés liées aux compréhensions de textes, de situation de problèmes.

Le principal était de continuer à l'accompagner avec de l'aide et aussi de travailler l'autonomie et de poursuivre sa scolarité en milieu ordinaire en cours moyen 1ère année.

Cours moyen 1ère année

Cette nouvelle année commença comme la précédente avec une enseignante les lundis, mardis et un mercredi matin sur deux et le Directeur les jeudis et vendredis.

J'étais toujours près de lui de temps à autre et à distance afin de pouvoir travailler l'autonomie. Cependant les exercices donnés étaient de plus en plus difficiles et Arnaud protestait, s'énervait et parfois s'en prenait à son travail, à son matériel et aussi à moi.

L'enseignant intervenait souvent, le sermonnait et lui redonnait l'exercice en lui demandant de ne pas s'énerver et d'effectuer un exercice sur les trois sans déchirer la feuille.

Il fallait trouver la juste mesure et surtout minimiser les exercices afin d'éviter de l'enfoncer dans ses troubles du comportement qui pourrait l'isoler de la vie scolaire. Je l'aidais.

Il y avait aussi le regard des camarades. A cet âge, ils commençaient à devenir un peu moqueurs et c'était difficile de trouver le juste milieu entre tout.

Par contre dans les matières autres que le français et les mathématiques Arnaud semblait trouver de la sérénité.

Il appréciait l'Éducation Physique et Sportive surtout le tennis de table, le tennis, l'accro – sport (sport d'équilibre) et c'était de l'autonomie à 100%.

Les arts visuels l'intéressaient ainsi que les sciences.

Arnaud était très curieux et posait volontiers des questions sur le monde qui l'entourait.

Son point faible était toujours les compréhensions de textes et les solutions de problèmes Je décomposais le mieux possible avec des dessins et des outils pédagogiques.

Le CM2 l'attendait.

Cours moyen 2ème année

Cette dernière année était la plus importante. Je devais surtout travailler l'autonomie. Arnaud avait besoin de cet accompagnement et il fallait s'employer à effectuer rapidement cette mission.

Il a obtenu un ordinateur.

Des séances d'ergothérapie avaient lieu à l'école une fois toutes les 2 semaines.

Au début, Arnaud protestait. Pour lui c'était une punition. Il ne comprenait pas pourquoi il devait quitter la classe...... Puis petit à petit, il a aimé le contenu des séances.

Il a aussi refusé de se servir de l'ordinateur pendant quelques temps. Avec beaucoup de patience, je l'ai encouragé à faire des exercices (dictées – grammaire – conjugaison et même ses devoirs). Et c'est devenu presque un rituel, chaque matins il arrivait et sortait son matériel.

Dorénavant dans les apprentissages théoriques il a des compétences (en conjugaison, en mathématiques). Les sciences et l'art plastique qui le passionnaient toujours lui ont permis de trouver de la quiétude.

En Éducation Physique et sportive et notamment dans les jeux collectifs il participait volontiers. Le tennis de table, la natation, le tennis ont été des disciplines qui lui ont plu énormément.

Arnaud avait une bonne mémoire (visuelle) et je l'ai constaté lors des dictées. Cependant la lecture était toujours un peu difficile et souvent sans compréhension.

Il se fatiguait rapidement et face à la difficulté il répétait facilement « C'est difficile et cela entraînait des troubles du comportement. (Des mouvements involontaires, colère, agressivité etc.....)

L'autonomie était l'un de ses points faibles et il fallait le guider et reformuler les consignes. Les exercices ont été écourtés et lors des évaluations le temps était allongé.

Dénouement :

Après les 7 années passées auprès d'Arnaud, cet enfant chétif, malhabile, cholérique sans échange verbal est devenu un élève avec plus ou moins de difficultés.

Le travail effectué auprès de lui et avec lui fût exceptionnel et surtout avec aussi plus ou moins de questionnements......

« LA PATIENCE » était omniprésente. Tout au long de ces années, je lui ai facilité sa scolarisation. J'ai essayé de trouver rapidement des palliatifs aux difficultés d'apprentissages et de comportements.

Ma mission s'arrête là puisque à la prochaine rentrée scolaire Arnaud ira au Collège en 6ème SEGPA (Sections d'enseignement général et professionnel adapté).

La SEGPA a une taille minimale de quatre divisions (de la sixième à la troisième) pour permettre aux élèves d'accomplir un cursus complet dans un même collège.

Chaque division ne doit pas, dans toute la mesure du possible, excéder 16 élèves.

Cette adaptation favorise les pratiques de différenciation et d'individualisation pédagogique, tout en maintenant un haut niveau d'exigence, en référence au socle commun de connaissances, de compétence et de culture.

Remerciements

Je ne suis pas une excellente auteure, cependant j'avais besoin d'écrire et surtout de décrire mes journées auprès de ces enfants formidables qui sans la loi du 11 février 2005 ne seraient pas scolarisés.

Je remercie tous les enseignants qui m'ont soutenue et me supporte encore dans leur classe. Et tout particulièrement à l'enseignante spécialisée Florence qui m'a encouragée et me soutiens dans tous les moments difficiles et de doutes.

Et oui Merci à vous toutes et tous.

J'ai passé de formidables années et un TRÈS GRAND MERCI aux élèves. Sans eux je n'aurai pas écris cet essai. VOUS ÊTES DE FORMIDABLES ÉLÈVES.

Cependant une autre aventure en élémentaire auprès d'une nouvelle élève m'attend.

Horiya MARIE